GÖTTIN MIT ÜBERGRÖSSE- EINE NOVELETTE

Cathy McGough

Stratford Living Publishing

Inhalt

Zitat

*"Magie ist der Glaube an sich selbst,
wenn Sie das können,
kann man alles erreichen."*

Wolfgang von Goethe

Widmung

An alle BFFS für alles, was ihr tut!

KAPITEL 1

ICH HÄTTE MIR HEUTE beinahe ein neues Kleid gekauft. Damit wollte ich feiern, dass ich die nächste Stufe meines Abnehmziels erreicht hatte. Mein Trainer hatte Recht gehabt: Es hatte sich gelohnt, mein Trainingsprogramm auf eine Stunde an sechs Tagen pro Woche zu erhöhen.

Sobald ich im Einkaufszentrum war, wehte mir wie üblich der süße Duft von Zimtschnecken entgegen. Ich atmete tief und kalorienfrei ein, während ich mir vorstellte, wie ich meine Zähne darin versenkte. Ein einziger Bissen würde genügen. Aber nein, ich hatte viel zu hart gearbeitet, um abzunehmen - das Einatmen würde heute reichen müssen.

Wenn Sie schon einmal eine strenge Diät gemacht haben und sich den Hintern abgerackert haben, um sich in Form und gesund zu halten, dann wissen Sie genau, wovon ich spreche.

Goddess Creator Fashion war der Ort, wo ich hinwollte. Es war mein liebstes Bekleidungsgeschäft, eine Komfortzone für mich. Ein Zufluchtsort für etwas mehr als fünf Jahre. Damals war es das einzige Geschäft, das modische Kleidung für größere junge Frauen anbot.

Um ehrlich zu sein, als ich meine größte Größe hatte - Größe 20 - hasste ich das Einkaufen von Kleidung mehr als alles andere. Nun ja, erst an zweiter Stelle nach dem Gang ins Fitnessstudio oder dem Sport. Aber dieser Laden, nun ja, er hat das Einkaufen von Kleidung wieder zu einer Leidenschaft gemacht. Davor war ich eine alte Schachtel. Ich wusste es, und alle um mich herum wussten es - aber niemand sagte es zu mir. Ich sagte es mir jedoch jeden Tag, wenn ich in den Spiegel sah. Ich war hart zu mir selbst.

Dann trat Goddess Creator Fashion in mein Leben. Ich fand echte blaue Jeans. T-Shirts, die meinen Hintern verdecken. Knöchelschuhe. Zu sagen, dass ich die Mode wiederentdeckt habe, ist keineswegs eine Untertreibung. Ich wusste nicht, was ich verpasst hatte, bis ich Goddess fand. Der Laden hat mir mein Selbstvertrauen zurückgegeben.

Ich bewunderte einige Outfits mit Accessoires, die an den Schaufensterpuppen in Übergröße ausgestellt waren. Da war ein hübsches schwarzes Kleid, das mit einem leuchtend roten Schal kontrastiert war. Ich würde nicht viel Gelegenheit haben, es zu tragen, da ich in einem Callcenter arbeitete und die einzigen Leute, die mich sahen, meine Kollegen waren. Aber in ein paar Monaten stand die Weihnachtsfeier an. Dann könnte ich es auf jeden Fall tragen. Vielleicht würde ich jemanden umhauen, wenn nicht, würde ich wenigstens mich selbst beeindrucken.

Ich ging hinein und schnappte mir zwei Größen, da ich nicht sicher war, welche Größe mir heute passen würde. Ich hatte mir seit Monaten kein neues Outfit mehr gegönnt. Es war psychologisch immer besser, ein Ziel zu erreichen, bevor man neue Kleidung anprobiert. Aber ich schweife ab.

Als ich in der Umkleidekabine war, zog ich das Kleid an und spürte, wie der seidige Innenstoff meine nackte Haut berührte. Es fühlte sich gut, glatt und teuer an. Ich betrachtete mich im Dreiseitenspiegel, drehte mich hin und her, um jeden Winkel zu erfassen - doch irgendetwas daran fühlte sich nicht richtig an. Es lag nicht an der Farbe, denn das Schwarz passte gut zu meiner blassen Haut und meinen langen dunklen Haaren.

Ich trat nach draußen. Ich schnappte mir einen hübschen Schal mit bestickten Goldfäden an den Rändern und legte ihn mir um den Hals und die Schultern. Es half etwas, aber es war immer noch nicht richtig. Ich fand den roten Schal, den ich an der Puppe im Schaufenster gesehen hatte, und probierte ihn aus. Doch obwohl das Kleid fabelhaft war und der Schal fabelhaft war - ich fühlte mich nicht fabelhaft. Was zum...?

Irgendetwas stimmte damit nicht. Ich habe mein Haar hochgesteckt, weil ich dachte, das könnte helfen, um ein bisschen Dekolleté zu zeigen, aber auch das hat nicht funktioniert. Vielleicht war es zu elegant für mich?

Ich ging in den Laden und suchte mir ein paar Schmuckstücke aus, um einen letzten Versuch zu unternehmen, das Problem zu lösen. Es hat immer noch nicht geklappt, obwohl ich das Kleid liebte.

Ich betrachtete mich im Ganzkörperspiegel von Kopf bis Fuß, und da wurde mir klar, wo das Problem lag. Auch wenn das Kleid eine Nummer kleiner war, passte es mir nicht mehr. Der Stil, der Stoff, der Schnitt des Kleides war für größere Frauen gedacht. Ein beängstigender Gedanke kam mir - in diesem Kleid sah ich immer noch dick aus. Ich fühlte mich immer noch fett.

Das machte keinen Sinn. Ich hatte mir buchstäblich den Hintern abgerackert und ein paar Größen abgenommen, aber ich war weit davon entfernt, dünn zu sein. Alles in meinem Kleiderschrank war ein Kleidungsstück von Goddess Creator Fashion. Warum das? Warum gerade jetzt? Ich würde einen neuen Laden finden müssen.

Ich brauchte eine zweite Meinung, und so ging ich in den Hauptbereich des Ladens und sah mich um. Es war viel los und es war schwierig, jemanden ins Auge zu fassen, aber schließlich kam eine der Verkäuferinnen zu mir. Sie begann sofort zu schwärmen, wie fabelhaft ich aussah. Sie sagte, das Kleid sei genau meins. Das Problem war nur, dass ich ihr auch nicht geglaubt habe. Selbst als sie mich aufforderte, eine Drehung zu machen, und der Stoff zischte. Selbst als wildfremde Leute, andere Käufer, zu mir kamen und mir ebenfalls Komplimente für das Kleid machten. Ich bedankte mich bei ihnen und ging wieder hinein, um meine Straßenkleidung anzuziehen. Ich fand immer noch, dass es schrecklich aussah, aber im Hinterkopf fragte ich mich - was, wenn sie etwas in mir sahen, was ich selbst nicht sah?

Ich ordnete mein Haar und trug Lippenstift auf, während ich immer noch über das Kleid nachdachte. Bevor ich abgenommen hatte, war ein Kompliment so selten wie eine schwarze Rose. Ich zog meine Socken und Schuhe an... Die Freundin von Nicholas Cage wollte eine schwarze Rose, bevor sie ihn heiratete, also besorgte er ihr eine. Wusstest du, dass sie nur in der Türkei wachsen? Ja. Du verstehst, was ich meine: Schwarze Rosen sind so selten, wie Komplimente zu bekommen, wenn man übergewichtig ist. Eine schwarze Rose, die für dich um die halbe Welt geflogen wird - das ist romantisch!

Ich packte meine Sachen zusammen und machte mich auf den Weg durch den Laden. Ich trug das Kleid und legte es zurück, wo ich es gefunden hatte. Als ich gerade gehen wollte, hielt mich jemand am Arm fest. Es war die Verkäuferin.

Sie zog das Kleid wieder aus der Auslage und sagte: "Das ist genau Ihrs!" und machte sich dann auf den Weg zur Kasse.

Ich konnte spüren, wie mein Teint aufleuchtete wie ein Weihnachtsbaum. Sie schwärmte weiter und ich ließ sie gewähren, während ich darüber nachdachte, wie ich mich aus dieser Situation befreien könnte. Ich erwog, den Schwanz einzuziehen und wegzulaufen.

"Und es ist das allerletzte im Laden", sagte sie, während sie das Kleid musterte.

"Ich will es nicht", platzte ich heraus.

"Ich habe schon angefangen, es einzuläuten", sagte sie mit einem Schmollmund, während sie es weiter faltete, damit es in die wiederverwendbare Tüte von Goddess Creator Fashion passte.

"Tut mir leid, aber ich habe meine Meinung geändert", sagte ich. In meinem Kopf war es laut, aber nicht in der Realität. Als sie näher kam, sagte ich, fast schreiend: "Ich - will - es - nicht - haben."

"Aber es ist das letzte Stück! Und ich habe es schon eingescannt!", sagte sie so laut, dass ich schwöre, dass alle Kleiderbügel im Laden wackelten. Sie begann das Kleid zu falten. Sie steckte es in die Tüte. Sie reichte mir die Tüte.

Ich lehnte mich näher heran, als die anderen Gäste begannen, mich in Erwartung eines Streits zu umringen.

Meine Hand griff nach der Tasche, bevor mein Kopf sie stoppen konnte. Ich fragte mich, ob uns jemand gefilmt hatte, um das auf YouTube zu stellen. Heutzutage filmt doch jeder alles. Andere

Einkäufer versammelten sich um uns, als wären wir ein Nebenschauplatz auf einem Jahrmarkt.

"Sagen Sie ab", sagte ich. "Bitte."

Sie atmete kurz heftig ein, wie ein Luftballon, der kurz vor dem Platzen ist. Sie tadelte mich, als hätte ich ein Verbrechen begangen.

Ich legte das Kleid auf den Tresen und machte einen Schritt zurück, trat jemandem auf die Zehen, der aufschrie. Beschämt drehte ich mich um, in der festen Absicht zu rennen. Am Ausgang blieb ich wieder stehen, als mich eine Frau am Arm packte.

KAPITEL ZWEI

SIE HIELT MICH FEST in ihrem Griff, die roten Krallen drückten sich in meine Haut. Ich sah ihr jetzt in die Augen und zog meinen Arm von ihr weg. Wir standen uns gegenüber, Auge in Auge. Zehen an Zehen. Wir schätzten uns gegenseitig ab.

Sie war groß und hatte Übergrößen - keine große Überraschung, da es sich um ein Geschäft für Übergrößen handelt. Sie trug einen schwarzen Business-Anzug mit einem maßgeschneiderten Blazer. Der Blazer saß hervorragend und betonte in Kombination mit dem engen Nadelstreifenrock ihre Figur. Sie rundete ihren Look mit einem Farbtupfer ab: einem roten Schal um ihren Hals. Ihr langes schwarzes Haar mit einem Pony in der Stirn umrahmte ihr Gesicht sehr gut. Sie war äußerst stilvoll, ja sogar nobel.

Wir lachten, als sie meinen Arm losließ.

"Es tut mir leid", sagte sie. "Ich konnte nicht umhin, Ihr Gespräch mit dem Handelsvertreter mitzuhören.

"Na und?" fragte ich etwas abwehrend - ich dachte, sie sei vielleicht bei der Modepolizei.

Als sie nicht antwortete, wurde ich ärgerlich und ging einen Schritt auf die Tür zu. Sie folgte mir dicht wie ein Schatten. Was zum Teufel? Konnte man mich zwingen, ein Kleid zu kaufen, das ich weder wollte noch mochte, nur weil ich es anprobierte? Nein, natürlich nicht. Dies war Amerika, und niemand konnte mich zu etwas zwingen. Oder?

"Es ist nur so, dass ..." Sie hielt inne und sah sich um. Als ob sie befürchtete, jemand könnte sie belauschen.

Ich holte tief Luft, "Ja?"

"Ich bin die Inhaberin von Goddess Creator Fashion und würde Sie gerne auf einen Kaffee einladen", sagte sie. Das war ein Schock und ich sagte nichts. "Darf ich Sie auf eine Tasse Kaffee einladen?"

Das kam mir alles etwas verdächtig vor, also habe ich nichts gesagt.

"Ich würde gerne ein wenig plaudern", sagte sie, "glauben Sie mir, es wird sich für Sie lohnen."

"Klamotten anprobieren ist eine durstige Arbeit", sagte ich lächelnd. Das traf ihre Lachmuskeln und sie stieß ein ansteckendes, brüllendes Lachen aus, das an ein Heulen grenzte. Ich lachte über ihr Lachen und wir verließen den Laden.

Ursprünglich hatte ich den Eindruck, dass sie wahrscheinlich Größe 12 oder 14 trug, aber jetzt, da ihre Jacke beim Lachen wackelte, dachte ich mir, dass der Anzug vielleicht die schlankmachende Wirkung hat, von der ich auf YouTube gehört hatte. Dieses Mädchen, ein Model, machte einen Clip darüber, wie man durch die Wahl der richtigen Stoffe und Schnitte schlank werden kann. Diese Frau wusste, wie sie ihre Figur betonen konnte.

Da wir nichts anderes zu tun hatten und neugierig waren, verließen wir den Laden. Als wir draußen waren, konnte sie mich nicht zwingen, etwas zu kaufen.

Wir gingen hinaus in das Einkaufszentrum und fuhren die Rolltreppe hinunter zu einem kleinen Café im Erdgeschoss in der Nähe des Eingangs. Obwohl das Lokal voll war, fand das Personal sofort einen Tisch für uns.

Der Gastgeber nahm uns mit auf einen Rundgang. Wir kamen an den Backwaren, Torten und Pavlovas vorbei. Die Köche waren mit dem Backen beschäftigt, und die Köstlichkeiten wehten uns entgegen. Als wir unseren Tisch erreichten, ließ ich mich in meinen Sitz fallen und hatte das Gefühl, gerade Hunderte von Kalorien verbraucht zu haben.

Unsere Bedienung war in Sekundenschnelle da und die Frau bestellte ein leicht erwärmtes Schokoladencroissant und einen Café Latte. Ich bestellte einen Skinny Cappuccino und wir warteten ein paar Augenblicke, bis unsere Getränke kamen.

"Du bist eine Wucht", sagte sie, während sie an ihrem Getränk nippte und dann das Gesicht verzog.

Mir fiel keine passende Antwort ein, also sah ich zu, wie sie ein, zwei, drei, vier, fünf Päckchen Süßstoff in ihr Getränk schüttete. Der Zucker setzte sich wie ein Berg oben auf, während sie jedes Päckchen in kleine Quadrate faltete. Als der Zuckerberg gesunken war, rührte sie ihren Kaffee um und nahm einen großen Schluck. Kurz darauf kam ihr Croissant, und sie begann, es mit Messer und Gabel zu essen. Es war erhitzt worden, und der Schokoladenkern lief auf dem ganzen Teller aus. Sie verputzte es schnell und wischte dann mit dem Finger die Schokolade ab, die sie mit der Gabel nicht erreichen konnte.

Ich nahm einen Schluck von meinem Kaffee, während sie einen weiteren Café Latte bestellte, diesmal einen Skinny. "Man muss wissen, wann man aufhören muss", sagte sie und lächelte.

Ich nickte und fühlte mich zappelig. Mein Handy klingelte wie aufs Stichwort und ich griff in meine Tasche und holte es heraus. Nur eine Nachricht von Facebook, dass jemand LIVE ist - Jamie Oliver. Diesmal konnte ich ihm nicht zuschauen. Ich schaltete die Lautstärke aus und begann, es wieder in meine Tasche zu stecken.

"Haben Sie schon einmal gemodelt?", platzte sie heraus.

Ich ließ mein Samsung auf den Boden fallen, und seine Eingeweide quollen heraus. Ich sah ihr direkt in die Augen, um zu sehen, ob sie es ernst meinte - sie schien es ernst zu meinen -, dann griff ich nach unten, setzte den Akku wieder ein und startete mein Telefon neu. Ich beantwortete ihre Frage mit einer eigenen Frage: "Willst du mich verarschen?"

Sie nahm einen weiteren Schluck von ihrem Milchkaffee. "Nein, ich mache keine Witze."

"Aber du musst es sein. Oder sind Sie verrückt?" Notiz an mich selbst: So gewinnt man keine Freunde und hat keinen Einfluss auf andere.

"Warum", fragte sie, gefolgt von "Sie sind umwerfend".

In meinem Kopf erinnerte ich mich an all die Zeiten, in denen ich als kleines Mädchen vorgab, ein Model zu sein. Ich tat das nur hinter verschlossenen Türen, damit es niemand erfuhr. Ich war schon pummelig, als ich aus dem Mutterleib meiner Mutter herauskam. Sie musste genäht werden, diese Geschichte habe ich immer wieder gehört. Ich klaute meiner Mutter immer ihre High Heels, Kleider und Accessoires. Ich sprühte sogar ein wenig von ihrem Parfüm auf und schminkte mich auch. Dann habe ich auf meinem Bett einen Laufsteg nachgebaut. Ich schlenderte auf meinem Einzelbett auf und ab, und meine Absätze wackelten hin und her (genau wie bei den echten Models, die ich im Fernsehen gesehen hatte), weil meine Matratze wackelte. Ich hatte sogar ein Plastik-Diadem, auf dem Prinzessin stand und das ich zum Geburtstag geschenkt bekommen hatte. Damals war ich *also* Model und Prinzessin in einem.

Das Geräusch ihres Löffels, der beim Umrühren den Rand ihrer Tasse berührte, holte mich in die Realität zurück. "Nein, habe ich nicht", sagte ich mit einer, wie ich hoffte, überzeugend klingenden Stimme.

Die Frau warf den Kopf zurück und lachte wieder sehr laut, als eine Bedienung auf uns zukam. "Möchten Sie noch etwas?"

Wir lehnten ab und sie brachte uns etwas Wasser.

Mir kam der Gedanke, dass diese Frau, die sich noch nicht einmal richtig vorgestellt hatte - ich hatte ihr ja auch nicht meinen Namen genannt -, versuchte, mich zu überreden, zurückzugehen und das Kleid zu kaufen. Es musste also um das Kleid gehen. "Ich werde das Kleid trotzdem nicht kaufen", sagte ich ziemlich abrupt, "egal wie sehr Sie mir schmeicheln."

Sie warf den Kopf zurück und ich dachte, sie würde wieder in schallendes Gelächter ausbrechen, aber diesmal tat sie es nicht. Stattdessen lehnte sie sich näher an mich heran, machte eine sehr ernste Miene und sagte: "Ich finde, du hast dich da vorhin sehr stilvoll verhalten. Du hast nicht die Fassung verloren, und ich stimme dir zu - das Kleid war nicht du." Das erregte meine Aufmerksamkeit. Ich lehnte mich vor.

"Wir von Goddess Creator Fashion wollen nicht, dass unsere Kunden in der Vergangenheit leben. Wir wollen, dass Frauen wie Sie Kleidung kaufen, die ihren aktuellen Bedürfnissen entspricht." Sie nahm einen Schluck Wasser, schluckte, zuckte zusammen und fuhr fort: "Ich kann sehen, dass Sie in letzter Zeit etwas abgenommen haben. Eine ganze Menge vielleicht?"

Ich strahlte ein Lächeln aus, das ihr alles sagte, was sie wissen musste, ohne ein einziges Wort sagen zu müssen.

"Sie sind also eine Frau im Übergang. Du willst mehr abnehmen, und während du abnimmst, willst du dich schön anziehen, dich schön fühlen, und dieses Kleid gab dir das Gefühl, die Person zu sein, die du vorher warst, nicht wahr?"

Unerwartet griff ich über den Tisch und gab ihr die Hand. Sie kannte mich und wir hatten uns gerade erst kennengelernt. Ich fühlte mich jetzt schüchtern, als könnte sie meine Gedanken lesen, aber auch wohl, weil sie mich kannte. Ich war ziemlich zufrieden mit mir selbst und vielleicht sogar ein wenig zu selbstsicher.

"Darf ich fragen, warum Sie es überhaupt anprobiert haben? Warum haben Sie es zur Kasse gebracht oder in Erwägung gezogen, es zu kaufen?"

Ich antwortete sofort und aus vollem Herzen: "Ich habe versucht, mich äußerlich zu verschönern, damit ich mich innerlich besser fühle - aber das hatte den gegenteiligen Effekt." Ich fuhr mir mit den Händen über das Gesicht, um das Erröten zu vertuschen.

"Öffne dich", sagte sie, "du bist ein schönes Mädchen, egal ob du Größe 20 oder 10 hast. Würdest du es in Betracht ziehen, als Model für die neue Kollektion von Goddess Creator Fashion zu arbeiten?

Werden Sie darüber nachdenken?" Sie reichte mir ihre Visitenkarte und bezahlte die Rechnung. Wir schüttelten uns die Hände. "Rufen Sie mich an", sagte sie, "aber lassen Sie sich nicht zu viel Zeit."

"Ich rufe dich an", sagte ich, wohl wissend, dass ich das nicht tun würde.

"Ich erwarte, dass ich in einer Woche von Ihnen höre. Der Ball liegt bei Ihnen - denn ich kenne nicht einmal Ihren Namen und werde keine Möglichkeit haben, Sie zu kontaktieren. Es liegt hundertprozentig an Ihnen", sagte sie fast so, als wüsste sie es.

Als sie wegging, sagte ich: "Vielen Dank für Ihre Zeit", und klang dabei wie eine Verkäuferin. Ach was. Es hörte sich sofort dumm an, als ich es sagte.

Ihr Gesicht veränderte sich, als hätte ich ihr eine Ohrfeige gegeben, aber nur für eine Sekunde. Dann lächelte sie breit und fragte: "Wie heißt du, Liebes?"

"Christina Langdon", antwortete ich.

"Christina Langdon, es hat mich gefreut, Sie kennenzulernen, und ich hoffe, Sie bleiben in Kontakt. Wir haben uns heute zufällig getroffen. Manche würden es Schicksal nennen. Es liegt an Ihnen, ob Sie die Situation ausnutzen wollen. Ich hoffe, Sie lassen sich diese Gelegenheit nicht entgehen. Es wäre ein Verlust für Goddess Creator Fashion. Auf Wiedersehen", lächelte sie, drehte sich um und ging weg.

Nachdem sie gegangen war, saß ich lange Zeit da und starrte ins Leere. Als sie das Café schlossen, saß ich immer noch da und tat so, als würde ich denselben Becher Wasser trinken, als mir einfiel, dass ich Brandon von meinen Neuigkeiten berichten sollte. Ich schrieb eine SMS - *Goddess Creator Fashion will, dass ICH mich als Model bewerbe!*

Darauf antwortete meine beste Freundin, die ich mein Leben lang kannte: "*WER IST DAS?*"

Als ich es las, klingelte mein Telefon, und es war Brandon. "OMG!" Brandon sagte: "Meine allerbeste Freundin wird ein Goddess Creator Fashion Model!"

Er klang sogar noch aufgeregter als ich, und genau deshalb war Brandon Daley mein absolut bester Freund. Wir waren schon vor unserer Geburt befreundet - unsere Mütter waren beste Freundinnen - und hingen ununterbrochen zusammen ab, als sie uns im Mutterleib trugen. Wir waren nicht blutsverwandt, aber wir waren durch Freundschaft und Liebe verbunden, und das war ein unzerstörbares Band.

"Erde an Christina", sagte Brandon. "Huhu! BFF!"

Ich war in meiner Phantasie abgedriftet und hatte nicht bemerkt, dass er darauf wartete, dass ich ihm alle Einzelheiten erzählte. Es war alles so schnell passiert. Es klang fast zu absurd, es auszusprechen, laut darüber zu reden.

"Wenn du mit der Arbeit fertig bist, erzähle ich dir alles."

"Klar, halt mich auf Trab", sagte er, gefolgt von "Schlampe", lachte und beendete die Verbindung.

Ah, der Kosename für dieses Wort mit fünf Buchstaben.

Ich lächelte und beschloss, ins Fitnessstudio zu gehen. Sport war für mich, selbst für mich überraschend, wie eine Religion geworden. Wenn ich ins Fitnessstudio ging, konnte ich Probleme lösen und die Dinge ruhig und vernünftig durchdenken. Nichts klärte den Geist mehr als ein anständiges Training.

KAPITEL DREI

AUF DEM WEG DORTHIN widerstand ich der Versuchung, indem ich die neun Fast-Food-Läden auf dem Weg ignorierte. Der Weg zum Fitnessstudio war ein bisschen wie ein Spießrutenlauf. Jetzt hatte ich noch mehr Grund, weiter abzunehmen.

Hatten die Fast-Food-Lokale eine Strategie, um Leute auf dem Weg zum oder vom Fitnessstudio abzufangen? Haben die Immobilienmakler demografische Daten zum Fitnessstudio verschickt? Ich meine, neun in einer Reihe, zwei Blocks vom Fitnessstudio entfernt, schien ein Master-Marketingplan zu sein, um die leicht Verführbaren anzulocken. In einer verschwörungstheoretischen Denkweise machte es Sinn, und wenn es wahr ist, war es böse Sabotage.

Deshalb hatte ich immer einen Proteinriegel im Handschuhfach und ein Stück Obst in meiner Handtasche. Diese Fast-Food-Tycoon-Bastarde haben diese Schlampe definitiv nicht sabotiert.

Seit ich angefangen habe, regelmäßig zu trainieren, habe ich immer eine Sporttasche und eine Flasche Wasser im Auto. Die Gewissheit, alles dabei zu haben, machte es mir möglich, die ersten fünfundzwanzig Kilo abzunehmen. Ich hatte zwar noch fünfundzwanzig Kilo vor mir, aber den Heißhunger zu besiegen, erleichterte mir den Alltag. Ich war wie ein Krieger für den Kampf gerüstet - organisiert, konzentriert und siegreich.

Als ich das erste Mal ins Fitnessstudio ging, hatte ich Glück. Ich wurde mit einem Fitnesstrainer zusammengebracht, der mein Fitnessniveau einschätzen und einen Plan ausarbeiten würde - und das alles während der kostenlosen Einführungssitzung. Sein Name ist Alex, er ist ein paar Jahre älter als ich und superheiß. Alex ermutigte mich und drängte mich auf eine sanfte, verlockende Art. Aufgeben kam für mich nicht in Frage. Es war Alex, der mir vorschlug, immer eine Sporttasche dabei zu haben. Ich bin noch am selben Tag eingetreten und habe nie zurückgeblickt.

Als vollwertiges Clubmitglied mit echtem Lichtbildausweis hatte ich nun bestimmte Privilegien.

Ich versuchte, nicht selbstgefällig zu wirken, als ich an der langen Schlange der Neulinge (potenzielle oder zukünftige Clubmitglieder) vorbeischlenderte.

Ich zog meine Karte durch, machte einen Schritt nach vorn und stieß mit dem Knie gegen das Tor, das sich nicht bewegte. Ich warf einen Blick über meine Schulter zurück, als ich das Ausatmen eines der Neulinge hörte.

Ich überprüfte meinen Ausweis erneut und betete, ohne meine Lippen zu bewegen. Wiederum nichts. Diesmal hörte ich ein leises Lachen aus der Warteschlange. Das Ding erkannte mich immer noch nicht. Nachdem ich es noch ein paar Mal versucht hatte, blieb mir nichts anderes übrig, als mich in die Warteschlange zu stellen und mich ans Ende der Schlange zu begeben, da nur ein Mitarbeiter Dienst hatte.

Mit ein wenig Hilfe erkannte der Computer schließlich meine Karte und ließ mich durch. Ich raffte mich auf und war in Rekordzeit bereit, den Alltagsstress (und ein paar Kilos) abzuschwitzen.

Wenn ich ins Fitnessstudio ging, war der erste Halt für mich immer das Laufband. Dort war ich am längsten, also war es gut, es hinter mich zu bringen, und es schien mir auch Energie zu geben.

Wenn man kein regelmäßiger Fitnessstudiobesucher ist oder nicht sehr oft ins Fitnessstudio geht, ist es schwierig, sich an die Gerüche zu gewöhnen. Als ich heute auf den Boden trat, traf es mich mehr denn je wie ein Salut. Sie werden wissen, was ich meine, wenn Sie selbst schon einmal in einem Fitnessstudio waren - ich werde es nicht weiter erklären. Für diejenigen unter Ihnen, die nicht ins Fitnessstudio gehen: Es ist der stechende Geruch von Schweiß, gemischt mit Körpergeruch,

Deodorants, Kölnisch Wasser und Parfüm. Manche Leute übertreiben es mit Letzterem in der Hoffnung, das Erstere zu überdecken.

Obwohl es muffig war, war es angenehm, dort zu sein. Es gab nur wenige Angeber (Leute, die nicht dort sein mussten, die nur herumhingen und selbstgefällig aussahen und den Rest von uns nervten). Die Klimaanlage wehte wie im kanadischen Winter, und ich schwitzte vor Kälte. Ich musste anfangen zu trainieren, und je eher, desto besser, damit meine Nase für die Gerüche blind wurde und ich mich aufwärmen konnte. Ich begann, den zu schnellen Verzehr des Protein-Riegels im Auto zu bereuen, denn er hatte nicht viel gegen meinen niedrigen Blutzuckerspiegel ausrichten können.

Jetzt war ich an meinem Lieblingslaufband (ich benutzte nie andere, das war mein Laufband, und wenn es nicht frei war, änderte ich mein Trainingsprogramm). Ich stellte meine Wasserflasche in den Schlitz, drapierte mein Handtuch über die Seite und legte meinen Taschenbuchroman ab. Es war ein Vampirroman, mit vielen heißen Stellen. Die perfekte Ablenkung, so dass ich nicht auf die Zeit oder die verbrannten Kalorien oder irgendetwas anderes schaute, bis ich fertig war.

Nach einer schrecklichen Erfahrung beim Lesen von Hemingway auf dem Laufband versuchte ich, meinen Lesestoff leicht zu halten. An jenem Tag, als ich mit dem Training begann, hatte ich *For Whom The Bell*

Tolls auf das Armaturenbrett des Laufbands gelegt. Ich begann, in gleichmäßigem Tempo auf Stufe zwei von zehn zu laufen.

Hemingways Texte haben mich schon immer alles andere auf der Welt vergessen lassen, außer seinem Buch, und das war auch dieses Mal nicht anders. Ich vergaß völlig, dass ich mich auf einem fahrenden Bahnsteig befand, und das Ergebnis war nicht gut. Mein Buch lag nämlich auf dem Armaturenbrett des Dings - Sie wissen schon, die Stelle mit den ganzen Bedienknöpfen? Als ich also die Seiten umblätterte, berührte ich unwissentlich den Knopf darunter, der die Geschwindigkeit des Laufbands erhöhte und die Stufen veränderte.

Es ging langsam, schrittweise nach oben. Es ging mir gut, ich konnte mithalten, das heißt, bis er 8,5 erreichte. Ich weiß nicht genau, was passiert ist. Ich weiß nur, dass ich einen markerschütternden Schrei ausstieß und alle sich nach mir umdrehten.

Den Ausdruck purer Panik in ihren Gesichtern werde ich nie vergessen. Ich war ein ziemlicher Anblick mit meinem Hemingway in der einen Hand, während ich mit der anderen Hand verzweifelt auf den Knopf drückte, um das verdammte Ding abzubremsen. Egal, was ich tat, es wurde immer schneller.

Aus Panik und Dummheit - ich weiß, eine wirklich schlechte Kombination - drückte ich den ROTEN KNOPF, ja, es war der Not-Aus-Knopf. Wer auch immer ihn so genannt hat, hat es genau richtig gemacht, denn ich bin gewaltsam zum Stillstand gekommen. Danach habe ich Hemingway verboten, mit mir ins Fitnessstudio zu gehen. Hätten Sie das nicht auch getan? Hemingway, der selbst ein überzeugter Anhänger des Sports ist, hätte mir dieses Verbot bestimmt verziehen.

Auf dem guten alten Laufband lief heute alles reibungslos. Die Vampire lenkten mich gerade genug ab, und nachdem ich das Gerät mit einem Handtuch abgewischt hatte, machte ich mich auf den Weg zum Rudergerät.

Auf dem Rudergerät habe ich ernsthaft nachgedacht, denn ich konnte nicht lesen, und Hörbücher waren nicht mein Ding. Ich setzte mich zwischen zwei stämmige väterliche Typen.

Als ich anfing, das Rudern zu lernen, konnte ich höchstens fünf Minuten rudern, aber jetzt konnte ich zwanzig Minuten am Stück rudern und dabei mein Tempo steigern. Ich schnallte meine Füße an. Stellte den Timer ein. Ziehte die Zügel zurück und begann zu rudern. Ich stellte mir vor, an einem exotischen Ort zu rudern, zum Beispiel auf dem Canal Grande in Venedig.

Apropos gehen, *sie waren bald weg;* ich meine die beiden Jungs auf beiden Seiten von mir.

Ich konnte in Ruhe rudern und über diese ganze Modellierungsidee nachdenken. Zumindest dachte ich das.

Als ich mich auf das Rudern einließ und mir das Wasser vorstellte, erinnerte ich mich an das erste Mal, als ich Wassergymnastik ausprobierte. Damals hatte ich meine größte Größe und die Entscheidung, in einen Badeanzug zu steigen, fiel mir nicht leicht. Aber das meiste von mir würde unter Wasser sein, versteckt, wenn ich erst einmal drin war, also stimmte ich etwas widerwillig zu, es zu versuchen.

Als ich am Pool ankam, trug ich einen bunten Bademantel über meinem einteiligen Badeanzug. Ich setzte mich auf den Rand, ließ ihn fallen und sprang ins Wasser. Das Wasser war wunderschön und überraschend warm, und da man nur meinen Kopf und meine Schultern sehen konnte, wartete ich geduldig mit den anderen Mädchen auf unsere Lehrerin.

Als ich mich bei dem Wettbewerb umsah, war ich der einzige Teilnehmer unter fünfundfünfzig. Ja, ich war eine Wassergymnastik-Jungfrau. Aber keine Sorge, dachte ich. Aber da habe ich mich wohl getäuscht.

Als unser Kursleiter eintraf, ein umwerfend schöner Mann mit blondem, vom Wind zerzaustem Haar, braungebrannt von Kopf bis Fuß und einem Körperbau, wie ich ihn noch nie gesehen hatte, trällerten die anderen Damen und riefen mir zu. Ich spürte, wie mir die Röte in die Wangen stieg, weil sie so dreist waren. Sein Name war Theo, und er nahm alles mit Fassung. Er war es offensichtlich gewohnt, im Mittelpunkt der Aufmerksamkeit zu stehen.

Ich ruderte weiter und versuchte, meine Gedanken wieder auf das Modellierungsangebot zu lenken, aber die Erinnerungen an Theo ließen das nicht zu.

Zurück im Schwimmbad wurden wir aufgefordert, uns eine "Wassernudel" zu holen, d.h. einen dieser Polyethylen-Schaumstoff-Jobbies, die die Kinder benutzen. Theo wies uns dann an, auf der Nudel zu reiten, als wäre sie ein Pferd. Es dauerte nicht lange, da musste ich so sehr lachen, dass ich kaum noch etwas zustande brachte. Einige Damen sahen in meine Richtung und verdrehten die Augen, was mich nur noch mehr zum Lachen brachte. Und zwar so sehr, dass ich so auffiel, dass ich Theos Aufmerksamkeit erregte und er mir zuzwinkerte. Ich fiel in Ohnmacht und versuchte, mich zusammenzureißen.

Wir gaben die Nudeln ab und schnappten uns ein paar Wassergewichte. Es war erstaunlich, wie leicht sie unter Wasser waren. Die anderen Damen hoben doppelt so viel Gewicht wie ich und schafften die Übungen schneller und leichter. Angeberinnen. Ich kämpfte, um mitzuhalten, während die Sonne auf uns niederbrannte, und hoffte, Theo würde bald eine Pause einlegen.

Danach war es wie bei der Auswahl eines Highschool-Sportteams, bei dem ich als Letzter ausgewählt wurde. Wir haben einen Staffellauf gemacht und unser Team hat gewonnen. Der Preis für das Siegerteam war ein zuckerfreies Eis am Stiel. Der Preis für den Zweitplatzierten war ebenfalls ein zuckerfreies Eis am Stiel. Als Sieger durften wir uns die Geschmacksrichtung zuerst aussuchen.

Am nächsten Tag war ich so kaputt, dass ich nicht einmal aus dem Bett kam. Jeder einzelne Teil von mir, sogar meine Haare, taten höllisch weh. Da beschloss ich, meine Routine in der Halle zu ändern und entdeckte, dass ich Rudern liebte.

Ich musste mich auf Goddess Creator Fashion konzentrieren. Theo, ich frage mich, was aus ihm geworden ist. Verdammte Göttin, konzentriere dich, Christina. Werde ich oder werde ich nicht?

Einer der Jungs, die neben mir ruderten, war fertig und ging. Das war der Moment, in dem Vanessa Pringle ihren großen Auftritt hatte. Sie hatte Größe 0, und obwohl sie und ich vier Jahre lang dieselbe High School besucht hatten, schwöre ich, dass ich sie nie einen einzigen Bissen essen sah. Ironischerweise hatte sie denselben Namen wie meine Lieblingskartoffelchips. Selbst wenn sie in der Cafeteria war, bestellte sie nie etwas anderes als Wasser in Flaschen. Sie stellte es auf ein Tablett und schikanierte dann die schwereren Kinder, was sie auf ihrem Tablett hatten. Ich hasste sie und hatte gleichzeitig Mitleid mit ihr. Ich war überzeugt, dass sie magersüchtig war. Sie muss ein ziemlich armseliges

Leben gehabt haben, um andere so schlecht zu machen.

Sie kam direkt zum Rudergerät und schaute in meine Richtung, als sie sah, dass ich in einem guten Tempo ruderte. Sie tat so, als würde sie direkt neben mir rudern. Im Grunde meines Herzens wusste ich, dass ich ihr auf diesem Gerät in den Hintern treten könnte, wenn sie mich nur lassen würde. Ich schaute in ihre Richtung, denn ich war schon immer ein Sympathieträger. Ich versuchte sogar, sie zu grüßen.

Unsere Blicke trafen sich kurz, dann ließ sie mich total abblitzen und ging fröhlich weiter in Richtung der Angeber. Sie passte genau dorthin, vor den Spiegel, zu den anderen, die sich gerne selbst bewunderten, während sie sich beim Training anspannten und aufputzten.

Sobald sie weg war, wollte ich über das Angebot als Model nachdenken. Jetzt musste ich mich wirklich konzentrieren.

Ich machte brav mit, während die Jungs neben mir kamen und gingen. Zwei weitere Typen saßen auf beiden Seiten von mir. Väterliche Typen. Zu meiner Linken war er in den Sechzigern (plus minus ein paar Jahre) und zu meiner Rechten in den Vierzigern (vielleicht Ende Dreißig.) Beide fingen langsam an, kamen aber schnell in ein gleichmäßiges Tempo.

Ich begann zu zählen. Seit ich ein kleines Mädchen war, half mir das immer, mich zu konzentrieren. Während ich hochzählte, begann ich meine Geschwindigkeit zu erhöhen, und bald ruderte ich so schnell, dass die Jungs auf beiden Seiten Schwierigkeiten hatten, mitzuhalten.

Ich versuchte, nicht schadenfroh zu sein, während ich gleichzeitig versuchte, mir einen einzigen definitiven Grund auszudenken, warum ich das Angebot von Goddess Creator Fashion, Model zu werden, ablehnen sollte.

Zuerst war ich sprachlos. Es gab keinen Grund, das Angebot abzulehnen. Allerdings hatte ich einige Zweifel wegen meiner mangelnden Erfahrung. Ich war mir sicher, dass sie ein Bootcamp oder eine andere Art von Training anbieten würden. Die Geschäftsführerin wusste, dass ich keine Erfahrung als Model hatte, und trotzdem hatte sie mir das Angebot gemacht.

Das andere, das Wichtigste, was mich zurückhielt, war schlicht und einfach Angst. War ich zu feige, zu ängstlich, um mich zu outen? Würde ich, könnte ich eine Inspiration sein, oder würde ich nur ein Ziel für andere Schlampen wie Vanessa sein?

Als ich mich mit diesen Gefühlen der Unzulänglichkeit und Angst auseinandersetzte, wurde es mir klar. Da sie ein Plus-Size-Model für ihre neue Kollektion suchten - warum sollte es jemand anderes sein? Warum konnte ich es nicht sein? Wer nicht wagt, der nicht gewinnt, richtig? Seltsam, dass Klischees immer nützlich sind, wenn man versucht, sich selbst davon zu überzeugen, etwas zu tun oder nicht zu tun.

Die beiden Jungs hatten ihre Maschinen verlassen, ohne dass ich es bemerkte, bis die Zeitschaltuhr meiner Maschine losging. Ich blieb stehen, hängte mich ab und sah mich um, während ich zu Atem kam. Ich nahm einen Schluck Wasser.

Zu diesem Zeitpunkt war ich mir zu achtzig Prozent sicher, dass ich mich für den Job als Model bewerben würde. Ich packte meine Sachen zusammen und ging auf die Matte, um einige Dehnübungen zu machen. Ich hob ein paar Gewichte, wobei ich den Gymnastikball zur Unterstützung benutzte, und ging dann zum Heimtrainer.

Vanessa näherte sich dem Fahrradbereich von der anderen Seite und wartete, bis ich mich für ein Fahrrad entschieden hatte, dann setzte sie sich neben mich.

Ich war damit beschäftigt, alles in Bewegung zu setzen. Ich wollte gerade meine Kopfhörer aufsetzen, als Vanessa etwas sagte. "Tut mir leid. Ich habe dich nicht gehört."

"Oh je", sagte sie, "das ist mir sehr peinlich. Ich habe so was von nicht mit dir geredet. Ich wollte dich nicht davon ablenken, dass du das alles verloren hast" - sie zeigte auf den Umfang meiner Taille und stupste ihn an. Für wen hielt sie mich, den Pillsbury Dough Boy?

Ich schob ihre Hand weg, setzte meine Kopfhörer auf und fuhr wieder mit dem Radfahren und Lesen fort. Sie war so unhöflich, aber ich hatte nicht vor, mich auf ihr Niveau herabzulassen. Innerhalb von Sekunden stürmte eine Schar von Mädchen auf den Platz, wo sie beschlossen, sich lautstark zu unterhalten.

Egal, wie sehr ich die Musik aufdrehte - und ich bekam Lautstärkewarnungen - die Melodien wurden von ihrer Heiterkeit übertönt.

"Und dann sagte er..."

"Und dann sagte sie..."

"Und dann..."

Unisono: "Ohhhhhh!"

Ich sah mich um, um zu sehen, ob einer der Ausbilder das Gelächter bemerkte. Normalerweise wären sie inzwischen eingeschritten und hätten der Bande gesagt, sie solle den Stall verlassen. Heute hatte ich nicht so viel Glück.

Ich hoffte, sie würden einfach verschwinden, wenn ich sie ignorierte, aber fünfzehn Minuten später waren sie immer noch so laut wie zuvor. Ich schaltete das Fahrrad ab und beschloss, nach Hause zu fahren.

"Geh nicht wütend weg", sagte Vanessa, "geh einfach weg!"

Wie originell, dachte ich, als ich mich auf den Weg machte und gegen den Drang ankämpfte, ihr den Vogel zu zeigen. Ich wollte gerade die Umkleidekabine betreten, als ich meinen Personal Trainer Alex kommen sah.

"Ist alles in Ordnung, Christina?", fragte er, als er mich am Unterarm berührte.

Vanessas Schwarm hörte auf zu reden, die Augen klebten an Alex und mir. "Ja, mir geht es gut", sagte ich mit einem breiten Lächeln, "aber ich frage mich, ob ich mit Ihnen kurz unter vier Augen sprechen könnte?" Den Teil "unter vier Augen" sagte ich etwas lauter als sonst - und ich vergewisserte mich, dass sie es auch hörten.

"Sicher, kommen Sie in mein Büro und setzen Sie sich."

Wir gingen hinein und er schloss die Tür. Er setzte sich an seinen Schreibtisch, verschränkte die Hände hinter dem Kopf und lehnte sich zurück. "Was kann ich für Sie tun?"

Sein Bauch, seine flachen Bauchmuskeln, seine festen Arme. Um ehrlich zu sein, konnte ich seine Frage nicht beantworten. Meine Handflächen waren ganz verschwitzt. Vor allem, als ich mir vorstellte, wie er über den Schreibtisch kletterte und mir den größten und leidenschaftlichsten Kuss auf die Lippen drückte. Ich schnappte nach Luft und spürte, wie meine Wangen extrem heiß wurden. So heiß, dass er es bemerkte und mir einen Schluck Wasser anbot.

Ich holte tief Luft und erzählte ihm von dem Angebot als Model.

Er sprang auf und ich schloss meine Augen in Erwartung eines Kusses. Ich kam mir so dumm vor, als ich sie öffnete und er vor mir stand und mich ansah. Es war mir unangenehm, aber er schlang seine Arme um mich. Er roch gut.

Als wir uns aus der Umarmung lösten, lächelte er. "Von all meinen Auszubildenden hast du am härtesten gearbeitet. Du hast die Zeit investiert. Selbst als du aufgeben wolltest, hast du es nicht getan. Ich bin stolz auf dich. Ich glaube, dass alles, was Sie bis jetzt getan haben, Sie auf dieses Angebot vorbereitet hat."

Ich fühlte mich völlig verblüfft und war den Tränen nahe. "Danke."

Ich verließ sein Büro und schwankte wie eine Lache aus Gelee. Neben Alex hatte ich Lust auf rote Götterspeise, rote Erdbeerwackelpudding mit einem großen Haufen Schlagsahne oben drauf. Gott sei Dank hatte ich einen Apfel in meiner Tasche, und ich sabberte den ganzen Weg nach Hause und dachte an Alex' Bauchmuskeln.

VIERTE KAPITEL

BEVOR SIE ES SELBST herausfinden, kann ich auch gleich etwas gestehen. Ich bin zweiundzwanzig Jahre alt und lebe noch zu Hause bei meiner Mutter und meinem älteren Bruder.

Als ich nach Hause kam, kochte Mama gerade ihr übliches Festmahl. Ich ging zu ihr hin, um sie zu umarmen und in den Topf zu schauen, um zu sehen, was gekocht wurde. Meine Mutter war und ist eine ausgezeichnete Köchin, und wir haben als Familie versucht, uns gemeinsam gesünder zu ernähren. Wir essen viel Gemüse, etwas Eiweiß und zum Nachtisch gibt es immer etwas Obst. Das war aber nicht immer so. Früher waren wir Ermöglicher. Früher haben wir viel Stress gegessen. Seit wir als Familie zusammenarbeiten, können wir uns gegenseitig auf dem rechten Weg halten, und wir sind uns näher gekommen.

"Wie war dein Tag?", fragte sie, während sie in der Spaghettisauce rührte.

Ich küsste sie auf die Wange und erzählte ihr von meinem Training. Sie hatte bereits erraten, wo ich gewesen war, denn mein Make-up war verschmiert und mein Haar war noch etwas mehr als feucht. "Hast du dir ein neues Kleid gekauft?", fragte sie. "Geh und hol es und führe es mir vor."

Mama war schon immer so. Es war, als hätte sie einen sechsten Sinn für jede Neuigkeit, die meinen Bruder oder mich betraf. Ich lächelte und versuchte, nicht schadenfroh zu sein, aber ich konnte mir nicht helfen.

"Du siehst aus wie die Katze, die Tweety Bird verschluckt hat. Was ist los?"

Als ich nicht sofort antwortete, kam sie zu mir herüber und drückte ihre Lippen auf meine Stirn, wie sie es schon zigmal getan hatte, seit ich ein kleines Mädchen mit erhöhter Temperatur war. Wir brauchten kein Thermometer in unserem Haus, denn ihre Lippen verrieten es mit hundertprozentiger Genauigkeit.

"Es war geplant, dass Mama ein Kleid kauft, aber das hat heute nicht geklappt."

Die Spaghetti-Soße blubberte im Hintergrund in den Leitungen, weil sie sie vernachlässigt hatte. Sie spuckte sie an, als sie sie kurz umrührte.

"Es gibt immer ein Morgen", sagte sie. "Dann kannst du etwas finden. Wo warst du denn, bei Goddess Creator Fashion? Dort findet man immer etwas, das einem gefällt."

"Da bin ich hingegangen und habe ein Kleid anprobiert. Es war hübsch und so, aber irgendetwas daran fühlte sich einfach nicht richtig an. Obwohl ich etwas abgenommen hatte, sah ich darin immer noch dick aus."

Mama rührte weiter im Topf und überlegte, bevor sie antwortete: "Dein Körper hat sich verändert, aber dein Geist hat sich noch nicht angepasst - ist das so?"

Meine Mutter hat mich immer mit ihrem Scharfsinn verblüfft. Wie schon so oft, hatte sie den Nagel auf den Kopf getroffen. Vielleicht hatte sie einfach diese Mom-ESP-Sache an sich. Osmose oder so etwas Ähnliches. Dann kam mir der Gedanke: Wenn ich es ihr nicht sage, und zwar superschnell, könnte sie die Sache mit dem Modeln tatsächlich erraten. Auf keinen Fall, das war zu weit hergeholt. Und doch hatte sie mich gebeten, das Kleid zu modellieren. Hatte sie ein Bauchgefühl oder war es nur ein Zufall?

Sie fuhr fort: "Ich bin seit sechzig Jahren auf diesem Planeten und wie Sie wissen, habe ich mein Gewicht wie ein Jo-Jo auf und ab bewegt."

Mama ging zum Kühlschrank und holte einen Bund Spinat, wusch ihn unter dem Wasserhahn, schleuderte die Blätter in der Salatschleuder trocken und warf sie dann in die Soße.

Meine Mutter war selbst eine Göttin mit Übergröße, und sie hat mich dazu erzogen, auch eine zu sein. Als ich sie beobachtete, wie sie sich in der Küche bewegte und sich um die Sache kümmerte, die sie am meisten liebte - das Kochen -, strahlte ihre Schönheit.

Ich erinnerte mich an die Zeit in der Schule, als ich wegen meines Übergewichts gemobbt wurde, und meine Mutter erzählte mir, wie auch sie als Teenager gemobbt wurde. Die Menschen konnten so gemein sein, so grausam. Wenn ich mich als Plus-Size-Model outen würde, was würde das mit ihr, mit unserem Leben anstellen? Wäre es so, als würden wir allen auf der Welt sagen, dass wir stolz darauf sind, übergewichtig zu sein? Fat Shaming war die Lieblingsbeschäftigung der Nation.

Mama kam zu mir und umarmte mich, während ich in Gedanken versunken war. Wir setzten uns zusammen, teilten uns zwei Fig Newtons und eine Tasse Kaffee.

Zufrieden wollte ich es ihr sagen, aber es fühlte sich immer noch komisch an, die Worte laut auszusprechen.

"Mama, der CEO von Goddess Creator Fashion hat mich gebeten, mich als eines ihrer Models zu bewerben."

KAPITEL FÜNF

ICH BIN MIR NICHT sicher, ob "fassungslos" das richtige Wort ist, um den Gesichtsausdruck meiner Mutter zu beschreiben, aber fassungslos war sie auf jeden Fall. Tatsächlich war meine Mutter zum ersten Mal in meinem ganzen Leben sprachlos.

"Mama, geht es dir gut?"

Ihre Schweigsamkeit war entmutigend. Ich konnte fast sehen, wie sich die Räder in ihrem Kopf drehten. Kam da etwa Rauch aus ihren Ohren?

Sie stieß ein kleines Kichern aus, unterdrückte es und kicherte dann erneut. Sie ging zu der Soße hinüber und rührte kräftig, während es knackte, knallte und einen Fleck auf ihre Schürze spuckte.

"Ich mache keine Witze, Mom", ich berührte ihre Hand, um das Rühren zu stoppen, und sah ihr direkt in die Augen. "Wirklich nicht. Wirklich nicht."

Sie umarmte mich wie ein Wirbelsturm und vergaß dabei, dass sie den Löffel in der Hand hatte, und schüttete die Soße über die Küchenwände, die Decke und mich. Jetzt, wo sie meine Nachricht verinnerlicht hatte, war sie so aufgeregt, dass sie noch immer nicht sprechen konnte.

Ihr Schweigen war sehr merkwürdig. Meine Mutter schwieg selten, nicht wenn ihre Kinder Neuigkeiten hatten, vor allem wenn es sich um so eine erfreuliche Nachricht handelte. Es berührte mich, weil es all die Gefühle von Selbstzweifeln zurückbrachte, die ich im Fitnessstudio so hart überwunden und aus meinem Kopf verdrängt hatte.

Ich versuchte, die Dinge aus ihrer Perspektive zu betrachten. War sie besorgt, dass die Frau mit mir spielte? Mich auf den Arm nehmen? Ich war schon einmal leichtgläubig gewesen, aber nicht bei etwas so Wichtigem wie diesem. Ich war schlecht behandelt worden. Gemobbt, weil ich naiv war und glaubte, dass die Leute Freunde waren, obwohl sie es nicht waren. Vielleicht dachte sie, ich könnte es nicht tun.

Wenn sie mir das nicht zutraute, dann musste ich die Kraft in mir selbst finden. Das wusste ich, trotzdem wollte ich weglaufen, die Tür schließen und nie wieder herauskommen. einen starken Hang zur Überdramatik haben - ich entschuldige mich im Voraus.

Ich ließ mich hart auf einen Küchenstuhl fallen, stopfte mir noch einen Fig Newton in den Mund und wartete darauf, dass meine Mutter mir sagte, was sie dachte. Die Kekspackung war halb voll oder war sie halb leer? Mit diesen Ablenkungen konnte ich sie abwarten.

KAPITEL SECHS

ICH WARTETE UND WARTETE und aß dann noch einen Feigen-Newton.

Mama nahm das Päckchen, schloss es und ging zur Keksdose hinüber. Sie nahm den Deckel ab.

Ich nahm die Visitenkarte des Geschäftsführers aus meiner Handtasche und legte sie auf den Tisch neben mir. Ich durchquerte den Raum und legte die Karte auf den Tisch, neben dem meine Mutter die Keksdose verschloss.

Ich setzte mich wieder hin. Ich beobachtete, wie sie die Visitenkarte aufhob. Sie sah sie kurz an und ging dann zurück zur Soße.

"Mama?"

"Was genau hat diese Frau zu Ihnen gesagt?"

"Sie fragte mich, ob ich jemals daran gedacht hätte, Model zu werden.

"Und hast du? Ich meine, haben Sie jemals darüber nachgedacht?"

Ich spürte, wie mein Gesicht rot wurde. Mama wusste nichts von meiner Bettflucht, davon, dass ich ihre Stöckelschuhe und ihren Schmuck trug.

"Ich habe darüber nachgedacht", gab ich zu, "aber das ist schon lange her, als ich noch ein kleines Mädchen war."

"Alle kleinen Mädchen spielen Verkleiden", bot Mama an.

"Aber sie werden nicht alle eingeladen, sich als Model für Goddess Creator Fashion zu bewerben - oder doch? Und zwar nicht von irgendjemandem. Die Besitzerin und Geschäftsführerin der Firma hat MICH eingeladen. Persönlich. Sie hat etwas in mir gesehen."

Wenn ich diese Worte laut ausspreche, fühle ich mich defensiv und verärgert.

Plötzlich war ich mir mehr als hundertprozentig sicher, dass das Angebot für mich bestimmt war.

KAPITEL SIEBEN

ICH MERKTE, DASS MOM über das, was ich gesagt hatte, nachdenken wollte. Unter dem Vorwand, eine dringende Nachricht zu haben, verließ ich die Küche.

Sobald ich mich hingesetzt hatte, gab ich die Daten von Frau Sharon Lindt in mein Telefon ein. Ich war so wütend über Moms seltsame Reaktion. Erst umarmte sie mich und schien so aufgeregt zu sein, dass sie mit Soße um sich warf, und dann wurde sie ganz zombiehaft. Um sie zu ärgern, hätte ich Frau Lindt fast angerufen und ihr Angebot sofort angenommen.

Während ich darauf wartete, dass Mom zur Vernunft kam, musste ich aus irgendeinem Grund immer wieder an meinen Vater denken. Wir hatten ihn nicht mehr gesehen, seit ich ein kleines Mädchen war. Mom hat nie von ihm gesprochen, und wir haben nie erfahren, was mit ihm passiert ist. An einem Tag war er noch da, am nächsten war er weg. Ich dachte an all die Zeiten, in denen er mit mir auf dem Boden saß und Puppenhaus spielte. Wir hatten alle möglichen fantastischen Ideen, um Barbie und Ken in der Welt aktiv werden zu lassen. Wir reisten nach London, Paris, Rom und sogar nach Sydney in Australien. Als er das erste Mal wegging, vermisste ich ihn sehr, aber jetzt, nachdem er uns ohne ein Wort, nicht einmal ein einfaches Lebewohl, verlassen hatte, vermisste ich ihn fast gar nicht mehr.

Mama kam ins Wohnzimmer und wischte sich die Hände an ihrer Schürze ab. Mir wurde klar, dass ich sie schon lange nicht mehr richtig angeschaut hatte. Ich meine, sie wirklich angesehen habe. Ich erzählte ihr von dieser fantastischen Sache, die sich in meinem Leben ereignete, und worauf hatte sie sich zu freuen? Seit Dad weg ist, besteht ihr Leben zu hundert Prozent aus der Sorge um meinen Bruder und mich.

Mama hat sich nie etwas Schönes gegönnt oder gekauft, obwohl sie uns dazu ermutigt hat. Sie war fast fünfzehn Jahre mit meinem Vater zusammen, als er sie verließ. Hat sie an ihn gedacht? Hat sie ihn vermisst? War sie einsam? Mom sagte mir, dass sie alles, was ich mit meinem Leben anfangen wollte, hundertprozentig unterstützen würde, solange ich mir sicher war, dass es das war, was ich wollte. Sie fuhr fort: "Modeln ist ein knallhartes Geschäft, und um es zu schaffen, musst du dir den Hintern abarbeiten. Selbst wenn du gefragt wurdest, für Goddess Creator Fashion zu modeln, bedeutet das nicht, dass es die richtige Berufswahl für dich ist."

"Es ist ein Risiko, aber es lohnt sich, es einzugehen. Was ist das Schlimmste, was passieren kann? Dass ich mit diesen Absätzen auf die Nase falle?" Wir lachten beide bei dem Gedanken, dass ich mich auf dem Laufsteg ausbreiten würde. "Nun, ich wäre weder die Erste noch die Letzte - ich denke, es lohnt sich, die Welt des Models auszuprobieren. Ich hasse meinen Job im Callcenter. Ich will mehr für mich, meinst du nicht, dass ich eine Chance auf etwas anderes verdiene? Etwas Besseres?"

"Du wirst dein größtes Hindernis und deine größte Kritikerin sein, Christina. Sicher, es wird andere Kritiker geben, aber du darfst nicht vergessen, dass du, egal was sie sagen, nur dir selbst gefallen musst. Du musst ihren Erwartungen nicht gerecht werden."

Sie hatte Recht, wenn ich mich von ihnen ins Rampenlicht stellen ließ, musste ich stark genug sein, um das, was über mich gesagt wurde, sowohl zu akzeptieren als auch abzuwehren. Innere Stärke wäre der Schlüssel. Ohne sie würde ich in der Welt der dünnen, molligen Models umherirren und versuchen, mich anzupassen. "Ich möchte etwas bewirken, für all die Mädchen da draußen, die wie du und ich nie eine Chance hatten. Ich möchte ihnen zeigen, dass es Schönheit in allen Formen und Größen gibt."

"Ich glaube, du hast es geschafft. Warum rufst du die Dame nicht an und dann setzen wir uns hin und essen zu Abend?"

"Vielleicht schlafe ich einfach darüber", sagte ich.

Mama sah mich besorgt an, dann willigte sie ein. Sie kehrte in die Küche zurück, und ich konnte hören, wie sie sich wusch und sich beschäftigte. Ich wusste, dass sie versuchte, mir zu signalisieren, dass ich jetzt anrufen sollte, bevor ich meine Meinung änderte, aber die "Was wäre wenn"-Gedanken hatten begonnen, in mich hineinzusickern.

Ich sah, wie Mutter zurückkam, um nach mir zu sehen, gerade als mein Telefon zu summen begann.

Die Identifizierung des Anrufers ergab, dass es sich um Sharon Lindt, Goddess Creator Fashion, handelte.

"Los geht's!"

ACHTES KAPITEL

S IE ERKANNTE MEINE STIMME sofort. Wir unterhielten uns kurz. Frau Lindt sagte, sie habe meine Kontaktdaten im Internet gefunden. "Ich habe mich gefragt, ob Sie Fragen an mich haben, nachdem Sie die Gelegenheit hatten, ein wenig nachzudenken? Ich hoffe, Sie haben ernsthaft über mein Angebot nachgedacht."

"Ja, Frau Lindt, das ist alles, worüber ich nachgedacht habe. Ich bin daran interessiert, mehr über Ihren Vorschlag zu erfahren. Was genau müsste ich tun? Wie ich Ihnen schon sagte, habe ich keine Erfahrung als Model."

Sie klang erfreut, sehr erfreut. "Das Wichtigste zuerst: Nennen Sie mich Sharon. Keine Erfahrung erforderlich. Für den richtigen Kandidaten werden wir eine Ausbildung machen. Außerdem habe ich vergessen, Ihnen von dem Anreiz zu erzählen, den ein Probearbeiten mit sich bringt. Deshalb dachte ich, ich rufe Sie heute Abend an, damit Sie alle Details kennen und eine fundierte Entscheidung treffen können."

"Ein Anreiz zum Ausprobieren?" Ich grinste. Mom rückte näher, um mit mir zu telefonieren. Stattdessen schaltete ich Frau Lindt auf den Freisprecher, damit Mom alles, was ich sagte, auch live hören konnte.

"Ja. Zusätzlich zur Ausbildung erhält die Gewinnerin eine Reise zur Goddess Creator Fashion Show in Paris, die komplett bezahlt wird. Wir haben den Grundstein gelegt; es wird eine erstaunliche Gelegenheit für eine junge Frau sein, daran teilzunehmen. Sobald sie dem Goddess Creator Fashion Team beitritt, wird der Himmel die Grenze sein."

Ich konnte nicht anders, wie ein kleines Mädchen stieß ich einen Schrei aus. Und Mama auch. Ich bin fast von meinem Stuhl gefallen. Ich hatte keine Ahnung, dass es in Paris Modeschauen für große Frauen gab, aber warum auch nicht?

Sharon muss das an meiner Stimme erkannt haben, denn sie fuhr fort: "Wir bekommen viel Aufmerksamkeit für die Show. Wenn du ausgewählt wirst, würden wir uns freuen, wenn du dabei wärst. Es ist nicht einfach, aber wen auch immer wir auswählen, Goddess Creator Fashion wird hundertprozentig hinter ihnen stehen."

"Es wäre ein wahrgewordener Traum, nach Paris zu gehen", gurrte ich, während meine Gedanken von der Besteigung des Eiffelturms und dem Stolzieren auf dem Laufsteg schwirrten. Französisches Gebäck zu essen, echten Champagner zu trinken, den Louvre und das Grab von Jim Morrison zu besuchen und auf der Champs-Elysees zu tanzen.

"Bist du noch da?" fragte Sharon.

"Ja, ich bin nur ein bisschen verblüfft. Ich habe keinen Reisepass und kann nicht fließend Französisch sprechen.

Sharon lachte. "Das ist völlig in Ordnung. Du wirst Zeit haben, alles in Ordnung zu bringen - nach dem Boot Camp, wenn du ausgewählt wirst. Wir haben Leute an Bord, die dir helfen können, wenn es nötig ist. Mach dir keine Gedanken über Details. Kümmere dich nur darum, ja zu sagen und zu gewinnen."

Die Worte Boot Camp hallten in meinem Kopf wider. Ich stellte mir vor, wie es sein würde. Ein Raum voller vollschlanker Mädchen, die sich bis zum Anschlag geschminkt hatten, sich in schicke Kleider zwängten und mit ihren Stöckelschuhen um den Preis kämpften, eine einmalige Reise nach Paris, für die alle Kosten übernommen wurden. Ich wollte es. Ich wollte gewinnen.

"Und noch etwas. Wenn du gewinnst, kannst du ein Familienmitglied mit nach Paris nehmen, um dein Debüt auf den défilés de mode - übersetzt heißt das Modeparade - zu sehen."

Mama stieß einen Schrei aus, der sicher bis nach Frankreich zu hören war.

"Ja", sagten wir beide gemeinsam ins Telefon.

"Ich werde Sie mit einigen meiner Mitarbeiter in Verbindung setzen. Sie werden Sie über die

Einzelheiten des Boot Camps informieren. So haben Sie die Möglichkeit, sich an die Idee zu gewöhnen und Ihren Zeh nach und nach ins Wasser zu tauchen, anstatt den ganzen Fuß auf einmal unterzutauchen."

"Das hört sich wirklich wunderbar an", sagte ich. Ich war so aufgeregt, dass ich kaum richtig sprechen konnte, und ich hing mit eisernem Griff an meinem Telefon.

"Noch etwas", sagte Sharon, "Casser une jambe. Das heißt auf Französisch "ein Bein brechen" und ich meine es ernst. Ich bin bei dir, Christina Langdon. Viel Glück."

Mama und ich sind vor Aufregung fast umgefallen.

"Oui! Oui!", sangen wir in das Telefon.

KAPITEL NEUN

HEUTE IST BOOT CAMP Tag! Ich durchstöbere meinen Kleiderschrank, mache ein riesiges Durcheinander und habe immer noch kein einziges Kleidungsstück.

"Klopf, klopf", sagte Brandon, und wie immer kam er herein, bevor ich Zeit hatte, ihn dazu aufzufordern.

"OMFG Christina, du musst, du weißt schon, einfach irgendetwas anziehen, damit ich dich ins Boot Camp bringen kann - du willst doch nicht zu spät kommen."

Er ging zum Bett hinüber, holte eine schwarze Hose mit Lederstreifen am äußeren Hosenbein und eine geknöpfte Bluse - "dazu brauchst du einen schwarzen BH", schimpfte er, und ich ging mich umziehen. Brandon hatte ein wunderbares Gespür für Mode, besonders für Frauen. Ich fragte mich, ob er vielleicht eines Tages selbst ein berühmter Modedesigner werden würde, aber nein, er war glücklich, jeden Tag mit mir und den anderen im Callcenter zu arbeiten.

Ich raffte mich auf und es dauerte nicht lange, bis ich angezogen war und loslegen konnte. Ich war so aufgeregt, dass meine Hände zitterten, als er in einem ziemlich genervten Tonfall sagte: "Äh, Make-up?"

"Was würde ich nur ohne dich tun?" fragte ich, als ich mich vor den Spiegel setzte und anfing, mich zu schminken. "Nicht zu viel", schimpfte Brandon.

In der Zwischenzeit setzte er sich hinter mich, bürstete mein Haar und band es dann hoch. "So können sie deinen schwanenartigen Hals bewundern." Ich kicherte.

Ich zog mir ein paar flache Schuhe an, und wir machten uns auf den Weg nach unten, wo Mom wartete und lächelte wie eine Mutter, die ihr Kind zum Abschlussball schickt.

Mama schwärmte: "Du siehst so schön aus!" Sie schwärmte nicht oft, und das machte mich noch aufgeregter, als sie ein paar Fotos machte und versprach, sie nicht ohne meine oder Brandons Zustimmung in den sozialen Medien zu veröffentlichen. Auf dem Weg nach draußen umarmte ich sie, und ich konnte sehen, dass sie mit den Tränen kämpfte.

Meine Knie knickten ein, als wir uns auf den Weg zu Brandons Auto machten. Um unsere Nerven zu beruhigen, holten wir uns im Drive-In einen Milchkaffee. Obwohl wir ein bisschen spät dran waren, wussten wir, dass wir immer Zeit für eine Kaffeepause hatten.

"Die Schmetterlinge in meinem Bauch spielen verrückt", gab ich zu.

"OMG! Ich habe Empathie-Schmetterlinge!" Brandon gurrte.

Wir haben wie verrückt gelacht. Bis einer unserer Lieblingssongs von The Doors im Radio lief. Brandon drehte die Musik voll auf und wir sangen aus voller Kehle mit. Ehe wir uns versahen, kamen wir auf dem Parkplatz an, wo bald das Boot Camp stattfinden würde.

Brandon stieg als Erster aus dem Auto aus. Ich konnte mich nicht rühren. Er kam zu mir, öffnete mir die Tür und sagte: "Du hast die Schlampe."

Ich lachte, glättete die Vorderseite meines Outfits und stieg aus. Gemeinsam machten wir uns auf den Weg in den Eingangsbereich.

Das Gebäude war von außen grau mit silbernen Verzierungen, aber es hatte viele Fenster. Es sah aus, als wäre es früher eine Fabrik gewesen, auf eine gute Art und Weise. Wir schlenderten durch die Drehtüren und hielten uns an den Händen. Brandon war immer da, um mich moralisch zu unterstützen - er war mein Fels.

Der Eingangsbereich war prächtig, mit vielen goldenen Verzierungen an den Rändern der Rolltreppen und Glaslüstern in allen Formen und Größen, die von der Decke hingen. Wir staunten nicht schlecht, als wir uns auf den Weg zum Sicherheitsschalter machten.

"Christina?", fragte der Mann in Uniform.

"Ja, ich bin es." WTF? Wo kam das denn her? Prätentiös oder was?

Brandon lachte und schob mich vorwärts.

Ich habe es nicht absichtlich getan, es waren nur die Nerven. "Woher wissen Sie meinen Namen?"

"Kommen Sie vorbei und sehen Sie sich um", sagte Travis Whiting (der Sicherheitsbeamte) zu mir. Als ich durch das Tor ging, sah ich ein Foto von mir auf dem Computer. Es war eines von meinem Facebook-Profil oder von irgendwo im Netz. Das Foto war nicht besonders schmeichelhaft, aber wenigstens erkannte er mich.

"Cool", sagte ich, doch dann sah ich auf und bemerkte, dass Brandon auf der anderen Seite der Kurve stand: "Er gehört zu mir", sagte ich.

"Es tut mir leid, niemand darf diesen Punkt ohne vorherige Genehmigung oder einen Sicherheitsausweis überschreiten", sagte Travis.

Brandon sah sehr niedergeschlagen aus, aber er verstand, dass es außerhalb meiner Kontrolle lag: "Ich werde die Nachbarschaft abklappern und sehen, was los ist. Schick mir eine SMS, wenn du mich brauchst, und ich komme dich abholen. Ich wünsche dir viel Spaß im Boot Camp! Hau sie um!"

Ich warf ihm einen Kuss zu und sah zu, wie er durch die Drehtüren ging und einmal, zweimal und dann dreimal winkte. Er warf mir einen Kuss zu und murmelte: "Dreimal Glück gehabt".

Ich erwiderte einen weiteren Kuss.

Travis gab mir den Weg zum Boot Camp. Ich atmete tief durch, überprüfte mein Make-up in einem Spiegel auf dem Weg und ging los.

KAPITEL TEN

A<small>M ENDE DES LANGEN</small> Ganges, der mit Fotos von wunderschönen Frauen aller Formen und Größen gefüllt war, befanden sich zwei große fensterlose Türen. Ich weise auf den fensterlosen Teil hin, denn von außen gesehen hatte dieser Ort viele Fenster. Aber wir befanden uns ganz hinten, tief im Herzen des Gebäudes. Das bedeutete, dass ich nicht vorher in den Boot Camp Raum schauen konnte, um den Ort zu erkunden, und auch sonst niemand.

Aufgeregt ging ich an all den anderen Mädchen vorbei. Sie starrten mich an. Ein paar nickten. Ich zog an der Klinke, um hineinzugehen und mich einzurichten, aber nichts passierte. Ich versuchte es auf der anderen Seite der Doppeltür und wieder passierte nichts.

"Äh", sagte ein Mädchen direkt hinter mir, "wir müssen hier warten, bis sie uns reinlassen."

"Oh, danke." Ich schritt ein wenig umher, während ich in meinem Kopf einige Tom Petty-Texte über das Warten sang.

"Dein erstes Mal?", fragte dasselbe Mädchen.

Ich nickte gerade, als die Glocken ziemlich laut zu läuten begannen. Zuerst waren es langsame Läute, dann wurden sie schneller und lauter. Alle Mädchen standen auf und bewegten sich nach vorne, um einen guten Platz zu ergattern. Wie von Zauberhand öffneten sich die Türen, und wir stürmten nach vorn. Ich fühlte mich wie Dorothy, die das Land von Oz betrat.

Wir blieben zunächst am Eingang zusammen, drängten dann als Gruppe nach innen und kamen bald für einen Moment in der Mitte des Raumes an und ich sah mich um. Auf der linken Seite befanden sich außergewöhnlich lange hölzerne Sitzreihen und auf der rechten Seite die gleichen langen Sitzreihen. Der Gedanke, mich zu setzen, drängte sich in meinen Gedanken auf. Ich war so nervös. Aufregung und Vorfreude erfüllten die Luft mit Elektrizität, während wir warteten.

Über den Lautsprecher verkündete eine Frauenstimme: "Willkommen bei den Goddess Creator Fashion-Anwärterinnen. Bitte stellen Sie sich in einer Reihe auf, beginnend mit der Größten bis zur Kleinsten. Vielen Dank."

Wir taten, was sie verlangte; ich war in der Mitte der Schlange.

"Beginnend mit dem Größten, nehmen Sie bitte links auf einer der Sitzgruppen Platz. Wenn alle Plätze besetzt sind, nehmen die übrigen Kandidaten bitte entsprechend auf den Bänken auf der rechten Seite Platz. Bleiben Sie bitte sitzen und unterhalten Sie sich einige Augenblicke lang leise untereinander. Laute Stimmen und/oder aggressives Verhalten führen zum Ausschluss und/oder zum lebenslangen Ausschluss von Kandidaten, die einen Beitrag leisten. Wir von Goddess Creator Fashion danken Ihnen für Ihr Kommen und wünschen Ihnen viel Glück!"

Jetzt saßen wir und schauten uns im Raum an. Wir schätzten uns gegenseitig ein. Egal, was passierte, wir waren alle in einem Wettbewerb miteinander. Wir kämpften um das Recht, uns einen Platz zu verdienen. Die Frauen dort waren alle außergewöhnlich schön, einige auffallend jung und einige etwa im gleichen Alter wie ich. Einige waren älter, erfahrener und ihr Sinn für Mode ließ mich aufhorchen. Wir hatten zwar alle eine Gemeinsamkeit: Wir waren alle Plus Sized, aber einige standen an der Schwelle, weil sie ihre Größe zu ihrem Vorteil nutzten.

Ich überlegte, wo ich hingehörte und wie meine Chancen standen, als ein großes Mädchen auf der anderen Seite meine Aufmerksamkeit erregte. Sie war ein echter Hingucker und strahlte Selbstbewusstsein aus. Sie lächelte und sagte: "Viel Glück", und ich erwiderte ihr das Lächeln. Es war nett von ihr, dass sie das getan hat, vielleicht wird dieser Auftritt doch nicht so ein Kinderspiel?

Das Mädchen, das direkt neben mir saß, zitterte wie Espenlaub, als sie fragte: "Ist das dein erstes Mal? Ich bin Lilith, und du bist?"

"Freut mich Lilith, ich bin Christina und ja, das ist mein erstes Mal. Ich bin wirklich nervös."

"Freut mich sehr, ich bin auch nervös. Es ist ziemlich einschüchternd - ich meine, wenn sich diese großen Türen zum ersten Mal öffnen, aber man gewöhnt sich daran, und die meisten Leute, die hierher kommen, sind nett, sobald es losgeht. Sie werden die Zahl der Bewerber eingrenzen, und wenn wir es schaffen, dürfen wir bleiben und zur nächsten Stufe übergehen."

"Das ist also nicht dein erstes Mal?" fragte ich.

"Nein, ich war schon oft hier, aber es macht mich immer so nervös", sagte Lilith. "Für mich ist es, egal wie oft ich hierher komme, immer wie beim ersten Mal."

Ich dachte immer wieder daran, hierher zu kommen und abgewiesen zu werden. Es gehörte viel Mut dazu, immer wieder zu kommen. Ich sagte dies und fügte hinzu: "Sie haben also die Zahl der Mitarbeiter reduziert?"

"Ja, so gut wie sofort, damit sie gleich zur Sache kommen können", sagte sie, während sie fröstelte. Ich bemerkte, dass sie eine Gänsehaut auf ihren Unterarmen hatte. Ich war nervös gewesen, aber jetzt, wo ich sah, wie nervös Lilith war, wurde ich irgendwie weniger nervös.

"Niemand hat Ihnen von dem Verfahren erzählt. Welche Organisation hat Sie rekrutiert?", fragte sie.

Ich fühlte mich nicht wohl dabei, ihr zu sagen, dass die Inhaberin von Goddess Creator Fashion mich persönlich angeworben hatte. Stattdessen sagte ich, dass ein Freund eines Freundes mich vermittelt hatte, und sie schien mit dieser Erklärung völlig einverstanden zu sein.

"Einmal im Monat laden sie uns hierher ein und zeigen uns etwas, aber normalerweise wählen sie nur eine Handvoll Mädchen aus, die es in die nächste Stufe schaffen. Ich komme jetzt seit sechs Monaten hierher und bisher haben sie mich noch nicht für die nächste Stufe ausgewählt."

Ich zählte schnell, wie viele Mädchen auf beiden Seiten anwesend waren, einschließlich mir selbst zählte ich fünfundzwanzig. Wenn man bedenkt, dass dies mein erstes Mal war, dachte ich mir, dass die Chancen nicht gut für mich standen. Tatsächlich hatte ich wahrscheinlich wenig bis gar keine Chance, wenn ich mir meine Konkurrenz ansah.

"Was für Modelle haben Sie denn bisher gemacht?", fragte sie.

Ich habe wieder gelogen: "Nur lokale Sachen, hier und da. Was ist mit dir?"

"Ich habe meine eigene Website und habe für Wal-Mart, Target, Sears und einige andere Ketten gemodelt, als sie ihre Plus-Size-Modelinien ausbauten. Ich nehme jede Arbeit an, die ich bekommen kann, aber mit Goddess Creator Fashion zu arbeiten, ist mein Traum. Ich nehme immer wieder andere Jobs an, um sie meinem Lebenslauf hinzuzufügen, in der Hoffnung, eines Tages meinen Traum zu verwirklichen."

"Wow, das ist erstaunlich", sagte ich gerade, als eine Frau, die von Kopf bis Fuß in einen heißen roten Hosenanzug gekleidet war, mit einem langen spitzen Stock über den Boden lief. Ihre spitzen Absätze, die mindestens fünf Zentimeter hoch zu sein schienen, machten pucketa pucketa Geräusche, als sie den Raum auf dem Hartholzboden durchquerte. Die Frau schien mindestens 1,80 Meter groß zu sein, ohne Schuhe sah sie aus wie ein verdammt dünner Riese. Hinter ihr folgte ein Mann, der etwa 1,80 m groß war und ununterbrochen auf sein iPad tippte.

"Sie ist wirklich etwas Besonderes", sagte Lilith, "schau einfach zu. Ich meine beobachten und lernen."

"Beängstigend."

"Du hast noch nichts gesehen."

Ich dachte, die Frau würde erst an der einen und dann an der anderen Seite entlanggehen. Aber nein, sie wollte uns erst einschüchtern und dann wahllos Leute auswählen. Bevor sie das tat, ging sie um uns herum und sah uns an, als wären wir Welpen, die darauf warten, adoptiert zu werden.

Als sie sich uns näherte, setzte sich Lilith aufrecht hin und ich tat dasselbe. Leider fiel mir dabei mein Handy aus der Tasche und fiel auf den Boden. Die Frau reagierte nicht und sah mich auch nicht direkt an (Gott sei Dank!), als ich es aufhob und in meine Handtasche fallen ließ. Ich kam mir vor wie ein Neuling.

"Lilith Martin", sagte die Frau, und ich applaudierte. Bevor sie aufstand, flüsterte Lilith mir zu: "Wenn sie deinen Namen ruft, bist du fertig." Sie holte tief Luft, ich merkte, dass sie gegen die Tränen ankämpfte, "Viel Glück und ich hoffe, wir sehen uns beim nächsten Mal. Ich werde nicht aufgeben."

Wir schüttelten uns kurz die Hand, und dann ging sie weg. Ich fühlte mich so schlecht. Warum hatte sie die arme Lilith niedergeschlagen und dann auch noch als Erste? Keiner wollte der Erste sein, der geht. Es war, als wäre man die erste Person, die bei Survivor abgewählt wurde.

Sie rief einen Namen nach dem anderen. Ich zuckte zusammen, als sie sprach. Ihre Stimme war hoch und hatte eine Tonlage wie Nägel auf einer Kreidetafel. Alle Auswahlen waren willkürlich und ohne besonderen Grund oder Zusammenhang, den ich erkennen konnte. Bald waren nur noch zwei übrig, die große Amazonenkandidatin von gegenüber und ich. Das musste doch eine Art Scherz sein, oder? Ich gegen sie? Ich schaute mich um und fragte mich, ob es versteckte Kameras gab und jemand rauslaufen und Aprilscherz schreien würde. Allerdings hatten wir noch lange nicht April.

"Komm mit", sagte die Frau. Das andere Model und ich lächelten, als wir uns einen Weg durch den Raum bahnten. Der kleine Mann mit dem iPad machte Fotos von uns, als wir zusammenkamen, und tippte dann fröhlich weiter.

"Herzlichen Glückwunsch, Kandidaten", sagten die Frau im Hosenanzug und ihr Lakai unisono. Sie tippte auf ihren Stock und drehte sich um.

"Danke", sagten wir.

"Los, an die Arbeit. Wir haben zu tun", sagte die Frau, während sie eilig durch den Raum ging und der junge Mann dicht hinter ihr folgte.

Wir Möchtegern-Models bildeten das Schlusslicht.

KAPITEL ELBEN

W IR FOLGTEN DEM ANFÜHRER und verließen die Halle. Bald befanden wir uns in einem separaten Raum, in dem ein Laufsteg bereitstand. Das Podest schien nicht so hoch zu sein, wie ich es mir vorgestellt hatte. In den Filmen und Modesendungen sahen sie immer so hoch und lang aus. Vielleicht haben sie sie niedriger gemacht, damit wir Neulinge sie nicht wegen Verletzungen verklagen, wenn wir herunterfallen.

"Kommen wir gleich zur Sache", sagte die Frau im Hosenanzug. "Ich bin Madame Levesque und Sie dürfen mich Madame Levesque nennen. Das ist mein Assistent Jeremy Bolt."

Wir nickten zur Begrüßung und dann fuhr sie fort: "Jeremy wird euch in die Umkleideräume begleiten, wo ein Assistent ein Outfit aussuchen und euch beide anziehen wird. Ihr müsst alles tragen, was sie für euch aussucht, auch die Schuhe. Dann schickt man euch zum Make-up, wo ihr ein komplettes Umstyling erhaltet. Bitte hören Sie aufmerksam auf alle Tipps, die Ihnen die Stylisten geben, denn sie werden von unschätzbarem Wert sein, und ohne sie sind Sie nichts", sagte sie, als hätte sie es schon hundertmal gesagt, während sie mit ihrem Stock im Takt jeder Silbe klopfte.

Meine Konkurrentin hob die Hand, als wäre sie in der Schule. Madame Levesque bemerkte das, ignorierte sie aber und begann zu gehen. Wie unhöflich, dachte ich, aber ich war froh, dass ich nicht versucht hatte, etwas zu fragen.

Das war alles sehr aufregend. Ich zitterte bei dem Gedanken, den Laufsteg zu betreten und ihn hinunterzugehen. In Gedanken erinnerte ich mich an *Sex in The City*, als Carrie Bradshaw gestürzt war. Ich lachte leise vor mich hin, während wir Madame Levesque dicht auf den Fersen blieben.

Ich habe mich darauf konzentriert, ein komplettes Make-up zu bekommen. Ich fühlte mich so glücklich, dass mir diese Gelegenheit gegeben wurde.

Wir blieben stehen und Madame Levesque klopfte zweimal mit ihrem Stock auf den Boden.

"Um genau 14.15 Uhr werden Sie bereit sein, über den Laufsteg zu gehen." Sie warf eine Münze in die Luft, "sag an", sagte sie, und ich sagte "Zahl". Die Münze fiel auf den Boden und rollte. Gemeinsam gingen wir hinüber, um das Ergebnis zu sehen, es war Zahl - ich würde zuerst gehen müssen.

"Wenn die Musik beginnt, seid ihr bereit. Einer nach dem anderen. Ihr werdet den Laufsteg hintergehen - ihr werdet um euer Leben laufen. Danach werde ich entscheiden, welche von euch im Boot Camp weiter trainieren wird, um sich auf unsere Goddess Creator Fashion Show in Paris vorzubereiten. Viel Glück für euch beide!"

Mir schwirrte der Kopf, als wir Jeremy folgten, um unsere Schöpfer zu treffen (oder besser gesagt, unsere Umstylings.) Es war eine einmalige Gelegenheit und ich musste einfach sensationell sein.

KAPITEL ZWÖLF

MEINE KONKURRENTIN UND ICH wurden getrennt, ohne förmlich vorgestellt zu werden. Sie sah aus wie ein Profi, und als Neuling war es vielleicht besser so. Schließlich hätte sie, ohne mich kennenzulernen, nichts von meiner mangelnden professionellen Modellerfahrung gewusst. Da weder ihr noch mein Name genannt worden war, saßen wir beide im selben Boot.

Als wir in dem mir zugewiesenen Zimmer ankamen, öffnete Jeremy schwungvoll die Tür, schob mich sanft in das Zimmer und schloss die Tür. Ich hörte seine Schritte draußen, als er wegging. Währenddessen stand ich da und wartete darauf, dass jemand meine Anwesenheit bestätigte - niemand tat es.

"Huhu", sagte ich. Ich stellte mir vor, dass Carson Kressley hinter Tür Nummer eins war. Ich ging hinüber, öffnete sie, aber es war niemand da. Ich würde jede Hilfe annehmen, egal welche. Sogar von diesen beiden Frauen, die vor ein paar Jahren ihre eigene Sendung im britischen Fernsehen hatten. Aber nichts. Es war niemand da. Ich war völlig auf mich allein gestellt.

Ich schaute auf die Uhr, als mir klar wurde, dass ich in genau einer Stunde über den Catwalk laufen musste - und dieser Lauf würde über meine Karriere als Model entscheiden oder sie beenden.

Ich überlegte, ob ich mich hinsetzen sollte, beschloss aber, dass Trübsal blasen nichts bringen würde. Ich öffnete die Tür in der Hoffnung, Jeremy um Rat zu fragen, aber er war nirgends zu sehen. Ich wollte nicht in Panik geraten, und doch tat ich es. Nicht völlig, aber ich rief Brandon an und erzählte ihm, was passiert war, und er sagte mir, ich solle weitermachen - mich an die Arbeit machen und ihnen in den Arsch treten.

Nach ein paar Momenten purer Panik tat ich das, was jedes heißblütige Möchtegern-Model tun würde: Ich fing an, Outfits vom Kleiderständer zu ziehen. Ich grenzte die Outfits ein. In der Hoffnung, Zeit zu sparen, wenn meine Helferin kommt. Ich suchte nach dem perfekten Outfit.

Ich habe Fotos von den Kleidungsstücken gemacht und sie an Brandon geschickt. Wir haben die Auswahl eingegrenzt und mit der Hilfe meiner besten Freundin war ich auf dem besten Weg, richtig gut auszusehen.

Nach mehreren Versuchen und während die Uhr tickte und Brandon auf dem Freisprecher war, entschieden wir uns für einen formellen Look, sexy, aber nicht zu sexy. Wir wählten Schuhe, Handtasche, Ohrringe und eine kleine Spange für mein Haar.

"Du glaubst doch nicht, dass ich dich betrüge, oder?" fragte ich Brandon.

"Auf keinen Fall", sagte er, "sie haben ihren Teil der Abmachung nicht eingehalten. Aber Sie sollten jetzt auflegen, wenn Sie ganz ruhig und bereit sind. Übung macht den Meister. Ich liebe dich!"

"Ich liebe dich auch, Brandon, und danke."

Jetzt, wo ich angezogen war, übte ich, auf und ab zu gehen, als ob ich auf dem Laufsteg wäre. Die Schuhe, die ich gewählt hatte, waren bequem, und ich hatte keine Angst, zu stürzen oder zu stolpern. Jetzt fühlte ich mich sehr sicher, ging zum Spiegel, frischte mein Make-up auf und schaute auf die Uhr. Es war 2:10 Uhr und nur noch fünf Minuten bis zur Show. Ich benutzte schnell die Toilette.

Nur wenige Augenblicke später ließ ich mich in einen bequemen Sessel fallen (wobei ich darauf achtete, nichts zu zerknittern) und war sehr zufrieden mit dem, was Brandon und ich erreicht hatten. Zusammen waren wir eine regelrechte Tour de Force.

Einen Moment später klopfte es an der Tür, und es war Jeremy.

"Es ist niemand gekommen, um mir zu helfen."

"Ich weiß." Er warf einen Blick auf mein Outfit und lächelte. "Folgen Sie mir."

"Warte. Warum hat mir niemand geholfen?" fragte ich.

Jeremy hielt inne, drehte sich um und sah mich an. "Es steht mir nicht zu, das zu erklären, aber ich kann dir eines sagen: Du hast die Hilfe nicht gebraucht. Du siehst einfach fan-ta-bu-lous aus!"

"Danke", sagte ich, "und jetzt lasst uns loslegen."

Jeremy hat gelacht.

Obwohl wir den Korridor schon einmal entlanggegangen waren, nahmen wir auf dem Rückweg einen anderen Weg, und es schien eine Ewigkeit zu dauern, bis wir dort ankamen. Ich sah meine Konkurrentin mit einem Team von Leuten, hauptsächlich Frauen, die ihr Haar zurechtmachten und in letzter Minute Korrekturen vornahmen. Sie sah umwerfend aus und war bereit und begierig darauf, loszulegen, obwohl ich zuerst gehen wollte. Sie betrachtete mich von Kopf bis Fuß und schaute dann weg.

Ich hab dich, Schlampe, dachte ich.

Ich nahm mein Kinn hoch und als das Stichwort kam, ging ich hinaus in die hellen Lichter.

DREIZEHNTES KAPITEL

ZUERST KONNTE ICH NICHTS sehen, weil mich das helle Licht blendete. Ich erinnerte mich an Modenschauen, die ich im Fernsehen gesehen hatte. Die meisten Models trugen Sonnenbrillen, aber bis jetzt dachte ich, sie seien ein Accessoire. Jetzt wurde mir klar, dass sie ein viel wichtigeres Gut waren. Ich wünschte mir wirklich, ich hätte eine.

Es war nicht nur extrem hell, sondern die Hitze, die von den Lichtern ausging, gab mir auch das Gefühl, dass mein Make-up verrutschte und mir bald das Gesicht heruntertropfen würde. Ich ging schneller. Konzentriert. Zuversichtlich

Ich bin weitergelaufen. Als ich am Ende ankam, machte ich eine Kurve, mit Schwung. Ich blieb stehen, machte eine zweite Drehung und ging zurück. Als ich den Vorhang am Ende erreichte, fühlte ich mich triumphierend. Ich bin nicht gestürzt. Ich hatte es geschafft!

Meine Konkurrentin hatte jetzt eine Sonnenbrille auf, als sie den Laufsteg betrat. Sie fühlte sich sehr wohl da draußen, und sogar ich konnte die Aufregung in der Luft spüren, als sie ihr Ding durchzog. Was sie trug, passte zu ihr, sie hatte sich hundertprozentig leger gekleidet, mit Jeans, einer Jacke und einer kleinen Mütze. Sie hatte hochhackige Stiefel an, mit spitzen Absätzen, und sie machte die Kurven perfekt und kam bald wieder zurück.

Es war alles sehr schnell vorbei. Zwischen uns beiden hatte unser Spaziergang nur wenige Minuten gedauert.

Wir standen Seite an Seite und warteten schweigend und zufrieden in dem Wissen, dass wir alles getan hatten, was wir konnten.

KAPITEL VIERZEHN

WENIGE AUGENBLICKE SPÄTER TAUCHTE Jeremy wie aus dem Nichts auf. In seinen Händen hielt er zwei weiße Umschläge, einen für jeden von uns. Nachdem er sie übergeben hatte, drehte er sich um und ging. Das Amazonenmädchen riss ihren Umschlag ohne zu zögern auf. Ich beobachtete ihr Gesicht. Ihr Gesichtsausdruck änderte sich nicht. Sie hob ihre Sachen auf und ging. Wie seltsam.

Jetzt, wo ich allein war, legte ich den Umschlag weg. Ich zog meine Schuhe aus und ging auf den Laufsteg. Es könnte meine letzte Chance sein, ihn zu betreten. Diesmal drehte ich mich am Ende nicht um, sondern setzte mich mit schwingenden Beinen an den Rand. Ich fühlte mich wieder wie ein kleines Mädchen. Ich wünschte, Mama hätte hier sein können. Um sie zu sehen.

Vorhin, als die Scheinwerfer eingeschaltet waren, konnte ich nicht viel von der Halle sehen. Jetzt waren sie schwach, und ich konnte sehen, dass es an den Seiten keine Sitze gab, wie ich es erwartet hatte. Der

Saal war so gut wie leer. In gewisser Weise war es ein trauriger Raum, zu still. Er sehnte sich danach, mit Menschen und Musik gefüllt zu werden. Nun war ich bereit und sah mir den Umschlag an. Ich hob ihn auf und riss ihn auf. Darin befanden sich zwei Gutscheine für Flugtickets nach Paris, Hotelreservierungen, eine Kreditkarte, etwas Bargeld und eine handschriftliche Notiz:

Herzlichen Glückwunsch Christina &

Willkommen im Goddess Creator Fashion Team!

Ich wusste, dass du es schaffst!

Sharon Lindt

Präsident & Geschäftsführer

Goddess Creator Fashions.

Ich fiel zurück auf den Laufsteg, schaute zur Decke und weinte wie ein Baby. Ich konnte es nicht glauben. Ich, Christina Langdon, würde ein Goddess Creator Fashion Model werden.

Nachdem ich mich beruhigt hatte, wählte ich die Nummer von Brandon. Ich schluchzte ihm meinen Aufenthaltsort ins Ohr und bat ihn, mich abzuholen. Er sagte, er würde es tun. Ich wartete. Ich war so stolz auf mich. Ich konnte es kaum erwarten, ihm meine Neuigkeiten zu erzählen.

"Babe, Babe", gurrte Brandon, als er den Raum betrat. Ihm auf den Fersen war der Wachmann, der rotgesichtig und sehr verärgert war. Ich hatte nicht an den Wachmann gedacht. Es war mir nicht in den Sinn gekommen, dass meine Bitte eine Szene verursachen würde. Inzwischen stürmte Brandon auf mich zu.

Ich, mit Make-up, das über meine Wangen lief. Ich sah aus, als hätte ich die Rolle verloren - nicht gewonnen. Er hatte das falsche Ende des Stocks. Ich musste ihn zurechtweisen, und zwar schnell.

"Diese Mistkerle! Diese totalen und absoluten Mistkerle."

Ich brach in Tränen aus und begann dann zu kichern. "Ist schon gut."

Brandon muss geglaubt haben, ich sei endgültig durchgedreht, denn sein Gesichtsausdruck wechselte von Mitgefühl zu Wut. "Wo sind sie?", rief er. "Lasst mich an sie ran, ich werde, ich werde..."

"Entschuldigen Sie", sagte Jeremy. "Was soll das ganze Geschrei hier drin? Wir konnten Sie den ganzen Flur entlang hören, und Madame Levesque ist nicht begeistert."

Jeremy sprach kurz mit dem Wachmann und bestätigte, dass er die Situation in den Griff bekommen würde, woraufhin der Wachmann schließlich ging.

In der Zwischenzeit machte ich einen Versuch, mit Jeremy zu sprechen, aber Brandon war zu schnell und schob sich an mir vorbei. Meine beste Freundin ging auf Jeremy zu und er machte etwas

Ich konnte nicht glauben, dass er das jemals tun würde - er stieß ihn. Ja, er stieß ihn direkt auf die Brust und sagte: "Wie kannst du es wagen?"

Jeremy machte einen Schritt auf Brandon zu und sagte: "WIE kannst du es wagen!"

Ich lief hinüber und drängte mich zwischen die beiden. Ich legte meinen linken Arm um Jeremys Hals und meinen rechten Arm um Brandons Hals und sagte: "Ich glaube, wir haben hier ein kleines Missverständnis."

Die beiden Jungs starrten sich gegenseitig an, und es war, als könnten sie durch mich hindurchsehen. Das ist schon etwas, wenn man meine Größe und mein Gewicht bedenkt.

"Würden Sie beide bitte aufhören und mich erklären lassen?"

Es hat eine Weile gedauert, aber sie haben sich beruhigt. Ich beschloss, dass meine beste Strategie darin bestand, zu teilen und zu erobern.

"Zunächst einmal, Jeremy,"

"Und warum ist ER der Erste?" unterbrach Brandon und stemmte beide Hände in die Hüften. "Wer ist er überhaupt? Du kennst mich seit Jahren. Ich bin zutiefst verletzt. Wir sind beste Freunde, und jetzt stellst du diesen Fremden an die erste Stelle? Vor mir?"

"Oh Bruder", sagte Jeremy.

Brandon machte einen Schritt auf ihn zu, sein Gesicht war knallrot.

"Nimm eine Beruhigungspille", sagte ich.

Er beruhigte sich, und ich sprach weiter mit Jeremy und erklärte ihm, wie es zu dem Missverständnis gekommen war. Er lachte, während er Brandon ansah. Ich konnte es in seinen Augen sehen, er bewunderte, wie Brandon mich beschützte. Er lächelte, dann entschuldigte er sich bei Brandon. Sie gaben sich die Hand, vereinbarten, die Vergangenheit ruhen zu lassen, und dann verließ Jeremy den Raum. Auf dem Weg nach draußen sah ich, wie er über seine Schulter zurückblickte. Er schaute Brandon ganz genau hinterher. Ja, es war nur für einen Moment. Ich habe es bemerkt, aber Brandon hat es gar nicht bemerkt, weil er hundertprozentig auf mich und mein Wohlbefinden konzentriert war.

Mir wurde klar, dass Brandon und Jeremy ein wirklich süßes Paar abgeben würden.

Jetzt war ich mit Brandon allein, der auf und ab ging, als gäbe es kein Morgen, und ich erzählte ihm, dass ich den Modeljob bekommen hatte und bald nach Paris fliegen würde. Wir tanzten händchenhaltend durch den Raum wie zwei kleine Kinder. Er freute sich so sehr für mich, und ich freute mich so sehr für mich. Wir hatten es gemeinsam geschafft. Ohne seine Hilfe wäre das nie passiert. Wir waren auf jeden Fall noch mehr beste Freunde.

Ist das Leben nicht komisch, wenn man sich einen Traum erfüllt, von dem man nicht einmal wusste, dass man ihn wollte? Das war zwar erst der Anfang, und ich hatte noch viel Arbeit vor mir, bevor ich ein lebensechtes Model sein würde, aber die Tür stand jetzt offen, und ich musste nur hart arbeiten, dann hatte ich eine Chance, es zu schaffen.

Wir gingen aus, um zu feiern und tranken ein paar Mojitos zu viel. Ich habe Brandon wegen Jeremy geneckt und gefragt, ob er ihn süß findet.

"Ich habe den Typen mit dem iPad gar nicht bemerkt", sagte Brandon.

"Lügner, und er stand total auf dich. Er hat dich abgecheckt und alles."

"Das hast du dir ausgedacht", sagte Brandon.

"Wir werden sehen, aber ihr beide wärt ein sehr süßes Paar."

Nachdem ich recht spät nach Hause gekommen war, schlief Brandon über Nacht auf dem Fußboden in meinem Zimmer. Am Morgen erzählte ich meiner Mutter und meinem Bruder die gute Nachricht. Mom sprang in die Luft und johlte. Wir vier hielten uns an den Händen und tanzten im Kreis. Alle waren so glücklich; wir tanzten herum wie betrunkene mexikanische Springbohnen und hatten die schönste Zeit.

"Was willst du mit nach Paris nehmen?" fragte Brandon.

"Was wirst du in Paris anziehen?" fragte Mama.

"Wie sollen sie dich verstehen?", fragte mein Bruder.

"Was werden Sie mit Ihrem Job machen?", fragten sie unisono.

Ich war zu verkatert, um über ihre Fragen nachzudenken, ging zurück ins Bett und träumte von Paris und Champagner! Wie Scarlett O'Hara in "*Vom*

Winde verweht" wollte ich am nächsten Morgen darüber nachdenken.

DANKESCHÖN

NUR EINE KURZE DANKSAGUNG an Sie für das Lesen und an alle, die mir geholfen haben, mein Buch zu verbessern, einschließlich meiner Lektoren, Korrekturleser und Beta-Leser.

Wie immer: Viel Spaß beim Lesen!

Cathy

ÜBER DEN AUTOR

Cathy McGough lebt und schreibt in Ontario, Kanada, mit ihrem Mann, ihrem Sohn, ihren beiden Katzen und einen Hund.

Wenn Sie mit Cathy sprechen möchten, senden Sie ihr bitte eine E-Mail an: cathy@cathymcgough.com.

Sie liebt es, von ihren Lesern zu hören.

ALSO DURCH

Buch 3: Rotes Zimmer. Buch Vier: Auf dem Eis
E-Z Dickens Superhelden Komplette Serie
Ein mathematischer Zustand der Gnade Vollständige
Serie

KINDERBÜCHER

JUMP-SERIE

Die drei Felsblöcke

Billy Shakespeare/Billie Shakespeare

www.ingramcontent.com/pod-product-compliance
Lightning Source LLC
Chambersburg PA
CBHW051007140626
46546CB00016B/1286